Diva und Domsgickel

Lothar Schöne

Diva und Domsgickel

Mainz und Wiesbaden
Rivalen am Rhein

E. Humbert Verlag

Das Buch wurde gedruckt mit freundlicher Unterstützung von
Jürgen Stutzmann, St. Goarshausen.

Bibliografische Information der Deutschen Bibliothek
Die Deutsche Bibliothek verzeichnet diese Publikation in der
Deutschen Nationalbibliografie; detaillierte bibliografische Daten
sind im Internet über http://dnb.ddb.de abrufbar.

2. Auflage 2012

Postfach 11, 55292 Bodenheim

www.ehumbert-verlag.de

Umschlagmotiv: Diva und Domsgickel.
Aquarell von Andreas Schürmann
Umschlaggestaltung: two-up, Sibylle in der Schmitten,
Düsseldorf
Layout und Satz: two-up, Sibylle in der Schmitten, Düsseldorf
Druck: Druckerei Zeidler GmbH & Co. KG, Mainz-Kastel
ISBN 978-3-939285-03-8

Der Dom und sein Gickel

Die Mainzer und ihr Lebensgefühl

Mainzer Dom, Mainzelmännchen, Mainzer Altstadt, Mainzer Kurfürsten, Mainz 05, Gutenberg und Mainz, zweitausend Jahre Mainz, Mainzer Fastnacht, nein: Määnzer Fassenacht, so heißt das.

Määnz: schon der mundartliche Name klingt kurios. Er geht störrisch von der Zunge und klingt doch wie ein besitzanzeigendes Fürwort, das etwas zu heftig ans Herz gedrückt wurde. Ja, ja, die Mainzer haben ein inniges Verhältnis zu ihrer Stadt, und es ist kein Zufall, dass der Autoaufkleber *Mainz ist meins* das ganze Jahr über im Schwange ist und überhaupt nichts mit irgendeinem Fest oder gar einer Partei zu tun hat.

Dabei ist Mainz eine Alltagsfrau. Es lebt sich mit ihr gewissermaßen problemlos. Sie ist nicht gerade aufregend, aber auch nicht besonders anstrengend. Sie fordert nicht andauernd heraus, sie will nicht ständig wissen, dass sie die Schönste und Begehrenswerteste ist und wie sehr man sie liebt. Das ist ihr nicht so wichtig, da macht sie nicht so große Worte, da bleibt sie ziemlich selbstbewusst. Vielleicht spürt sie sogar, was man auch selbst ein bisschen zu wissen glaubt: Irgendwie fühle ich mich ganz wohl bei ihr.

Drüben auf der anderen Rheinseite klingt das ganz anders. Wiesbaden, Wies-ba-den! Das tönt wie eine Dreiklanghupe und scheint fortwährend zu rufen: Weißt du überhaupt, wo du bist? Schon die deutschen Kaiser und die russischen Zaren haben mich besucht, mich, Kurstadt, Flaniermeile, Park- und Promenadendomizil. Mit mehr als zwanzig Thermalquellen habe ich den Geld- und den echten Adel Europas aufgepäppelt. Vergiss, wo du herkommst (vor allem, wenn du von drippdebach stammst), und lass bloß nicht den schönen Respekt beiseite! Die Mainzer aber fragen höchstens gelangweilt zurück, wo Wiesbaden sich herumsuhlte, als ihre Stadt das nach Wien bedeutendste Zentrum des Römischen Reiches Deutscher Nation war. Was sie nicht daran hindert, bei Gelegenheit auch etwas Spott über die Nachbarn auszugießen. Selbst ein schlechtgelaunter Mainzer, heißt es dann, kommt den essiggurkenhaften Wiesbadenern noch wie ein vergnügter Irrwisch vor. Stoßseufzend und mit dem Finger über den Rhein deutend wird mitgeteilt: Aus einer Seniorenresidenz kann mer keine Jugendherberge mache, auch wenn mer die Gesichter noch so liftet. Und wenn die Wiesbadener in eine Business School Millionen hineinpumpen, um sie in den Rang einer Universität zu hieven, der nationale Wissenschaftsrat aber die ganze Angelegenheit für null und nichtig erklärt – da reibt man sich in Mainz schon mal die Hände und ruft zum Rivalen hinüber: Universitätsstadt, hahaha, zum Schießen! Universitätsstadt kann man nicht kaufen, Universitätsstadt muss man sich verdienen!

Lokalpatriotismus ist den Wiesbadenern eher ein Fremdwort – den Mainzern ist es ein Lebenselixier. Nichts lassen sie auf ihre Kommune kommen, nichts geht über Mainz, und wenn ein Karnevalsverein dazu aufruft, ein Motto für die nächste Kampagne zu finden, dann fängt ganz Mainz zu grübeln an und grübelt und grübelt – bis der »Anzeicher«, die große Zeitung am Ort, eines schönen Tages das Ergebnis der Grübelei beglückt bekannt gibt, das beste Motto preiskrönt und den Gewinner mit Frau, Kind, Haus und Hund vorstellt. Ein Liederdichter ist's diesmal, der sein hartes Brot beim Amtsgericht verdient.

Goldisches Mainz

Mainz zeigt sich bei allem Patriotismus bescheiden und genügsam, und so ist es auch. Was vielleicht etwas mit seiner reichen Geschichte zu tun hat. Die Stadt wird in den Annalen schon früh als Mogontiacum erwähnt, bereits im ersten Jahrhundert n. Chr. wählten die Römer sie als Truppenstandort und Verwaltungszentrum ihrer neuen Provinz Germania Superior. Es ging um prosaische Angelegenheiten also, doch immerhin gefiel es den Legionären vom italienischen Stiefel so gut, dass sie fünfhundert Jahre bei den »wilden Germanen« blieben und Mogontiacum im Jahr 297 die Stadtrechte verliehen. Als Civitas im römischen Rechtssinn durfte sich Mainz nun verstehen. Nicht nur Hadrian, der spätere römische Kaiser, weilte als

Kommandeur in Mogontiacum – auf den Straßen und Wegen des Legionslagers sah man auch Hispanier, Griechen und Orientalen. Das alte Määnz war früh schon ein kleiner Schmelztiegel verschiedener Kulturen, man lernte, sich zu respektieren und voneinander zu lernen, und manch ein römischer Veteran wählte Mogontiacum sogar als Alterssitz – davon kündet heute noch das Denkmal zweier Brüder aus Mailand, Marcus und Gaius Cassius hießen sie. Nicht nur keltisches und alemannisches Blut fließen also durch die Adern der Domstädter, sondern auch römisches und iberisches. Stolz sein dürfen die Mainzer auch auf den Ehrentitel »sancta sedes« – Heiliger Stuhl. Außer Rom hat nur Mainz sich diesen Rang erworben und zwar während der Amtszeit von Bischof Bonifatius, etwa um das Jahr 780.

Das »goldische Mainz«, das in vielen Fastnachtsliedern auftaucht, ist dagegen einer späteren Epoche zuzuordnen. In den prosperierenden Jahrzehnten des 13. Jahrhundert bezeichnete man die Stadt gern als »Aurea moguntia«, goldenes Mainz. Offenbar war Moguntia ein guter Boden für Geschäftsleute aller Art. Immerhin – auch hier leuchtet das

Vorbild durch, denn schon in der Antike sprach man von einer goldenen Stadt, gemeint war »Aurea Roma«.

Doch wo Wiesbaden seine eher schmalbrüstige Vergangenheit an jeder Ecke prächtig ausstellt, das Talmi vergangener Epochen als Weihnachtslametta fürs ganze Jahr verwendend, da gibt sich das zeitgenössische Mainz eher tumb und unbeholfen. Man zeigt nicht, dass man mehr Holz vorm Haus hat, man bindet die Tradition nicht jedem auf die Nase, und wo man es tut, da wirkt es eher komisch. Der Domplatz ist ein Beispiel dafür. Sehr fein, sagen die Besucher und verharren andächtig vor der wie ein Zeigefinger auf Höheres deutenden Marktsäule, während ihr Blick zweifelnd auf den bunt bemalten Brunnen fällt, und von dort auf die im Quadrat angeordneten Blechstangen, zwischen denen man im Winter Slalom laufen kann, im Sommer jedoch internationales Flair herrscht mit Flaggen aus vielen Ländern – und es soll schon vorgekommen sein, dass mancher Mainzer ehrfürchtig davor stand und murmelte: »Dess iss also dess Kommunikationszentrum.«

Die Dom-Anwohner haben schon lange ihren Frieden mit den Slalomstangen geschlossen. An schönen Tagen sitzen sie in deren Nähe am Springbrunnen und lassen der Welt augenzwinkernd, wegen der Sonne, ihren Lauf. Dennoch sind sie nicht unbeeindruckbar. Einer in Tüll gehüllten Dame mit Federboa und zwei gescheckten Windhunden an der Leine würden sie allemal nachstaunen. Vermutlich eine Operndiva aus Wiesbaden, die sich aufgemacht hat, um das derbe Leben auf der anderen Seite des Rheins in die feinen Nüstern zu inhalieren.

Der Bajazz und Frau Struwwelich

Mainz ist Landeshauptstadt, na klar, Universitätsstadt, Bischofssitz, Mainzelmännchen-Metropole, also Stadt des Zweiten Deutschen Fernsehens, und sie beherbergt die 05er, einen Fußballverein, auf den alle stolz sind. Und mit *alle* sind auch alle gemeint. Ganz Deutschland reibt sich die Hände, wenn die 05er wieder mal einen Klub der Superreichen geschlagen haben. Diese Määnzer sind ja soo sympathisch. Und am Stammtisch beim eigenen kleinen Verein hebt Franz das Bierglas und triumphiert: »Es geht aach ohne viel Geld!« So was können nur die Fußballer vom FSV Mainz 05 bewirken: die Menschen mit sich selbst ins Reine bringen.

Vor allem aber ist Mainz die deutsche Stadt, die singt und lacht. Wird es entdeckt, in Aachen oder Aschaffenburg, Zweibrücken oder Zwiesel, auf Juist oder Sylt, dass man aus Mainz kommt – sofort ist der Urlaubsspaß vorbei. Ein schunkelseliger Blick folgt, ein unternehmungslustiges Einhaken, und schon ist zur falschen Jahreszeit die Fastnacht in der Fremde ausgebrochen. Mir ist es im fernen Kärnten am Wörther See geschehen, dass mein Auto-Nummernschild entdeckt wurde. »MZ« rief ein in Badehose dem Eingang zustapfender Sommerfrischling launig aus und verpasste mir nach guter österreichischen Manier sofort einen Titel: »Herr Hofrat kommen aus Mainz?« Ich nickte vorsichtig, aber da brach es schon frohlockend aus ihm heraus: »Mainz wie es singt und lacht ...«

Er hängte sich bei mir ein und versuchte, auch im Flachwasser des Sees mit mir zu schunkeln. Es war ein hartes Stück Arbeit, ihm zu entkommen, und nach Badeschluss näherte ich mich meinem Auto erst dann, als niemand mehr in der Nähe war. Daraus folgt: Wanderer, kommst du aus Mainz, vergiss nicht, dir falsche Nummernschilder mitzunehmen.

Der Nicht-Mainzer stellt sich den typischen Mainzer als eine Kreuzung aus Bajazz, Gonsbachlerchen, Frau Struwwelich und dem ehemaligen Oberbürgermeister Jockel Fuchs vor, an den sich viele alte Määnzer als Ouhbej-Fux erinnern. Und dessen Sprüche zu kniffeligen politischen Problemen summen wie Ohrwürmer nach wie vor im Gedächtnis: »Des habbe mir doch einigermaßen halbwegs ganz gut hingekriegt.«

Der Außenstehende weiß natürlich auch um die Charakterzüge des echten Mainzers: Er ist furchtbar gern närrisch, steigt wenigstens einmal im Jahr in die Bütt, singt und trinkt gern, am liebsten den guten Riesling aus dem ausländischen Rheingau, er lacht gern und feiert am liebsten Feste, es gibt ja so viele in der Stadt, vom Johannisfest über den Weinmarkt bis zur Fassenacht ... Stopp! Hier muss ein kleiner Einschub erfolgen. Bedenkt man es genau, hat auch die Lust am Festefeiern gewissermaßen historische Gründe. Denn schon die deutschen Kaiser amüsierten sich zu gern in Moguntia. Allein sieben Krönungen fanden während der

Jahre 1000 und 1250 im Dom statt, und Friedrich Barbarossa wählte wie selbstverständlich die Stadt am Rhein und Main, um im Mai 1184 das größte Fest des Mittelalters zu feiern. Da muss es hoch hergegangen sein, eine Sause ohnegleichen, leer wurden die Weinkrüge nie, die Spieße mit den Ochsen und Schweinen drehten sich Tag und Nacht, und der Frohsinn und das Gelächter nahmen kein Ende.

Intuitiv weiß Moguntia um diese Zusammenhänge. Denn die Stadt poliert an ihrem fidelen Bild jahrein jahraus herum. Kurz vor der Fastnachtszeit, ungefähr vom Frühsommer des Jahres zuvor an, verlässt kein Brief, keine Drucksache, kein Päckchen und nicht der klitzekleinste Kartengruß das Hoheitsgebiet der Kampagne ohne den Stempelaufdruck *Mainz – Stadt der Lebensfreude*. Und wenn es gerade einmal nicht die Fastnacht ist, dann heißt es schlicht im Mainz-Stempel *Komm, trink und lach!* oder noch kürzer *Mainz macht Spaß*. Merk dir's, Empfänger in Hamburg, Hongkong und Honolulu, wir sind nicht so wie du in deiner trüben Asphaltburg. Das Leben ist das Höcheste! In Mainz werd sich gefreut!

Der Mainzer Oberbürgermeister genießt

durch die Fassenacht eine Popularität wie sonst kaum einer. Wenn er vom Elferrat (bekanntlich der Vorläufer unseres ganzen parlamentarischen Systems) bei der närrischen Traditionssitzung begrüßt wird, schaut die ganze Republik per Fernsehen zu. Unter uns: Der legendäre Jockel Fuchs ist schon lange nicht mehr OB, er beobachtet das närrische Treiben mittlerweile von seinem Himmelsplätzchen aus – doch in der Stadt hat man es kaum bemerkt, und für die Welt draußen ist nach wie vor »de Jockel« das unverwüstliche Denkmal fürs Määnzerische, ja Jockel ist nur ein anderes Wort für Volkstümlichkeit, und dass es Politiker aller Richtungen zur Fastnachtszeit nach Mainz ins Kurfürstliche Schloß zieht, ist leicht zu erklären: Sie wollen alle jockeliger werden.

Der rasende Montag

Die Fastnacht in Mainz hat eine lange Geschichte. Manche Historiker führen sogar die Maskenzüge des römischen Schriftstellers Apuleius von Madauros in seinen ›Metamorphosen‹ und den Gott Dionysos als Schutzheiligen an. Ausgeschlossen ist es nicht, dass die Mainzer Fastnacht göttliche Vorfahren hat, und vielleicht ist auch der römische Karneval, das Fest der Saturnalien Mitte Dezember, Vorbild gewesen. Doch so richtig begonnen hat die Fassenacht in Määnz vor etwa zweihundert Jahren. Da ging es los mit den sogenannten »Masqueraden«. Das waren Feste, bei denen man wenigstens eine Augenlarve tragen musste, besser aber noch ein ganzes Kostüm. Larve und Kostüm dienten nicht nur dazu, unerkannt zu bleiben, sondern sollten dem ungetrübten Frohsinn Vorschub leisten. Auf gut deutsch: Man konnte auf die Weise die Sau besser rauslassen. Vornehm hieß es dagegen in den *Kurfürstlich Mayntzerisch gnädigst privilegierten Anzeigen* aus dem Jahr 1798: »Es ist nicht erlaubt, sich ohne Masken bei Redouten und Feierlichkeiten einzuschleichen.«

Die Einschleicherei mit Masken wollte freilich der Obrigkeit bald nicht mehr recht gefallen. Man vermutete, dass sich unter dem Schutz von Mummenschanz politische Demagogie breitmachen könnte. Anfang des 19. Jahrhunderts erschien eine Verordnung in Mainz, dass jeder Maskierte sich gegenüber der Gendarmerie ausweisen müsse. Dem Volksfest hat das nicht gerade Beine gemacht. Aber die Määnzer waren nicht auf den Kopf gefallen und wussten sich zu helfen. Sie erfanden den Rosenmontagszug, wo viele als Gendarmen verkleidet herumliefen und sich im Getümmel selbst kontrollierten. 1838 nahm der Zug zum ersten Mal seinen Weg durch die Stadt, und bis in die Gegenwart zieht der Lindwurm seine Bahn. Es dauerte freilich einige Jahre, bis der ›Rosenmontagszug‹ als Markenname feststand. Ende des 19. Jahrhunderts hieß er noch der ›rosenrothe Montag‹, aber schließlich setzte sich der Begriff Rosenmontag durch. Und gehört heute selbstverständlich zum deutschen Sprachschatz.

Etliche Fastnachts-Gelehrte, die es in Mainz natürlich gibt, sehen den Ursprung des Rosenmontagszugs im Spätmittelalter. Auch da hätten bereits Umzüge stattgefunden. Doch Rosen sind damals wie heute nicht gestreut worden. Das Wort leitet sich vom niederdeutschen »rosen« ab, hochdeutsch »rasen«. Man feierte den rasenden Montag, der Aschermittwoch kam schon in Sicht, und von da an hieß es Carne vale (Fleisch leb wohl!).

Vor der Fastenzeit wollte man freilich noch mal kräftig zulangen. Entlang des Zuges verteilten Metzger und Bäcker Fleischwurst und Brötchen und etablierten auf die Art das Mainzer Nationalgericht: Weck, Worscht und Woi. Schon beim allerersten Zug 1838 waren über hundert Fahrzeuge unterwegs, Fuhrwerke aller Art. Im Mittelpunkt standen die Ranzengarde und die Tambours, und schon damals war ein Element unübersehbar: die Motivwagen. Der ganze Zug sollte ja vor allem dem Unterhaltungsbedürfnis der Zuschauer dienen. Die Leute wollten ihren Spaß, auch wenn die Spaßgesellschaft noch nicht erfunden war. So dekorierte man viele Wagen nach Art von Bühnenbildern, und auf größeren Plätzen sprangen die Fastnachter herab und boten dem amüsierten Publikum theatralische Einlagen.

Später wurden Elferräte gegründet und Narrenzeitungen herausgegeben, die politische Missstände keck und kritisch aufs Korn nahmen und deren Witz die Mächtigen ertragen mussten – wenn sie trotz allem lachten, hatten sie die Bewährungsprobe bestanden.

Und warum eigentlich ist die Elf die Narrenzahl schlechthin? Die Mainzer wollten damit die

Franzosen karikieren, denen ihre Revolution heilig war. Auf jeder französischen Münze standen die Vokabeln egalité, liberté, fraternité. Abgekürzt e.l.f. Daraus entwickelte sich der Elferrat der Fastnachtsvereine: Nicht nur Parodie, sondern auch ein Stück Bewunderung drückte sich darin aus.

In hunnert Jahr is alles weg

Mainz ist Universitätsstadt und das seit über fünfhundert Jahren. Die Johannes-Gutenberg-Universität liegt etwas außerhalb in Richtung

Bretzenheim und ein wenig erhöht. Aber dafür kann sie nichts. Und doch sprechen die Mainzer gerne von »dene da obbe«, als wollten sie sagen: Mit uns haben die nichts zu tun. Was umgekehrt gar nicht gilt. Denn viele Gelehrte der Universität haben einen deutlichen Zug zum Mainzer Leben. Mitunter werden Doktorarbeiten verfertigt, die sich ausschließlich mit der Mainzer Fastnacht beschäftigen und zu ganz neuartigen Ergebnissen kommen. Etwa, dass Mainz über seine Landesgrenzen hinaus »durch den Karneval« bekannt ist. Oder dass die Fernsehsendung ›Mainz wie es singt und lacht‹ eine »große Popularität genießt, sogar in den neuen Ländern«. Dies alles natürlich streng wissenschaftlich abgesichert und mit vielen Fußnoten versehen.

Ich kenne da einen Professor, begeisterter Mainzer, da aus der Pfalz stammend, den es schon seit fast einem Jahr nicht mehr in die Innenstadt verschlagen hat. Betritt er sie demnächst wieder, so wird er zunächst verwundert und schließlich erbost feststellen, dass seine Buchhandlung eine Ecke weiter gezogen ist und sich noch dazu vergrößert hat. Das liebt er gar nicht, denn es ist eine Veränderung. Und

Veränderungen, nein, echte Määnzer haben dafür nichts übrig. Man hat so wenig dafür übrig, dass man das Alte auch dort noch rettet, wo es ganz neu wieder aufgebaut werden muss. Freilich, mitunter kommen ökonomische Interessen in die Quere. Dann heißt es: Schnell, schnell, ein paar Römerschiffe bergen (wurmstichige Ruderboote aus den Zeiten von Asterix und Obelix) – aber nicht lange herumzackern, denn der Hotelbau muss voranschreiten. Und der Oberbürgermeister und sein Kulturdezernent besichtigen lächelnd und Arm in Arm das versunkene Kulturgut und das aufstrebende Wirtschaftsgut, wohl wissend, wie prächtig sie die Stadt wieder einmal repräsentieren.

Das alles passt in Mainz zusammen und ist gar kein Widerspruch – so wie das Schillerdenkmal auf der einen Seite des Schillerplatzes steht, der bronzene Bajazz in der Mitte tanzt und der Fastnachtsbrunnen auf der anderen Seite den Stadthunden eine Tränke bietet. Das alles gehört zum Leben in Mainz, und wie man im einen Moment an dem Heroen der Dichtkunst hinaufblickt, so kann man im andern Moment das Narrenschiff am Fastnachtsbrunnen mit den Händen greifen. Und hat man eben noch begeistert (wegen der eigenen grandiosen Gedächtnisleistung) die erste Zeile vom ›Lied von der Glocke‹ rezitiert – »Fest gemauert in der Erden steht die Form, aus Lehm gebrannt …« –, kann man nun singen: »Heile, heile Gänsje, ’s is bald widder gut, ’s Kätzje hot e Schwänzje, ’s bald widder gut, heile heile Mausespeck, in hunnert Jahr iss alles weg.« Und die Erkenntnis beschleicht einen, dass dies Liedchen hoher Dichtung nicht allzu fern ist.

Apropos Schillerdenkmal! Warum steht der edle Friedrich, unser teurer Schiller so weit weg und nicht gegenüber vom Theater? Wo er doch eigentlich hingehörte – in Wiesbaden etwa hat er nahe beim Staatstheater einen erhabenen Platz gefunden und lächelt zufrieden darüber. Obacht, jetzt kommt die Antwort für alle Ortsfremden: Weil man in Mainz einem noch Größeren die Reverenz erweist. Er beobachtet mit kritischem Blick und wallendem Bart die Musen im Haus gegenüber, die ohne ihn allenfalls Flattergeister von beschränkter Dauer wären. Johannes Gutenberg heißt dieser Mann. Der Erfinder des Buchdrucks wurde in Mainz geboren, und er starb in Mainz, das war im Jahr 1468. Und machen wir uns nichts vor: Wäre er nicht gewesen, würden diese Zeilen, mit unleserlicher Handschrift geschrieben, in einer Schublade verschimmeln und dem Autor nicht das kleinste Stückchen Brot einbringen – während mit Meister Gutenberg Sie, geneigter Leser, geliebte Leserin, diese Schrift in Hülle und Fülle erwerben können und damit Gutes sich selbst, Freunden und Besuchern antun und nebenbei dem Autor und Illustrator (und vielleicht sogar dem Verleger) zu einem ordentlichen Mainzer Handkäs samt Schoppenwein verhelfen. Kurzum: Johannes Gutenberg sei mit Dank gegrüßt für seine Wohltaten.

Oh, ihr Ganzjahresschelme!

Mainz und sein Theater, das ist ein aufregendes Kapitel. Auch hier zeigte man über Jahrzehnte hinweg Tradition: Man mied die zeitgenössischen Dramatiker auf Teufel komm raus. Sogar von den Modernen, selbst wenn die schon Klassiker zu werden drohten, wollte man nichts wissen. Hochhuth verpönt, Frisch umgangen, Dürrenmatt unbekannt, Bernhard gottlob rasch gestorben. Botho Strauß hielt man eine Wei-

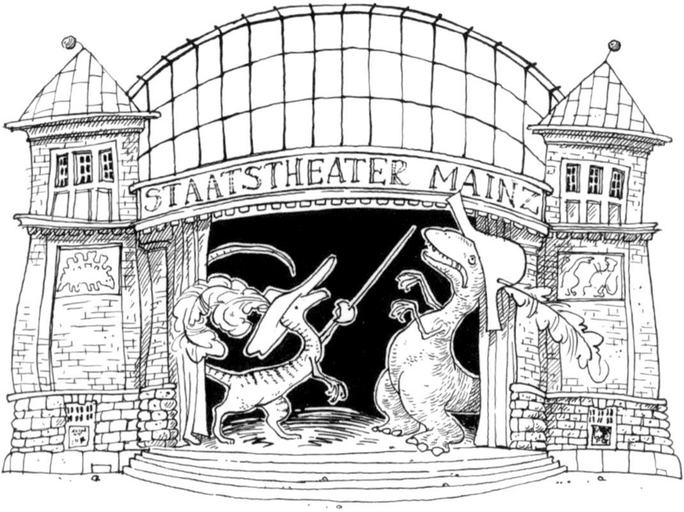

le für den Sohn des bayerischen Polit-Poltergeistes, also ortsfremd. Wen man nicht mochte, den ignorierte man. Und man mochte allzu viele nicht. Neuerdings zeigt man sich der Moderne allerdings aufgeschlossen, man spielt Stücke mit Titeln wie ›Punk Rock‹ oder ›Krücke unter der Brücke‹, und kürzlich belehrte mich ein Theaterfreund vor dem entsprechenden Plakat: »Dess issen Stück für Obdachlose, die mache jetzt auch für Hartzer was.« Ich stimmte dankbar zu. Man kann schließlich der aufgeschlossenen Jugend nicht nur mit dem ›Räuber Hotzenplotz‹ kommen.

All das kann mich nicht davon abhalten, immer mal wieder mit großen Erwartungen den Mollerbau, rotbraune Trutzburg inmitten der Stadt, zu betreten. Doch manchmal befällt mich die bange Frage: Verdämmerst du deine Zeit nicht eigensinnig im Mainzer Theater? Ich verdränge das wieder und sage mir: Es hat zwar kaum etwas mit deiner Wirklichkeit oder der Realität draußen zu tun, aber die Aufführungen sind so bequem, und die Pausen kann man so angenehm mit turmfrisurigen Damen verplaudern, die öfter vom »mutigen Wagnis« des Abends schwärmen und dabei den Blick vom Balkon hinüber zum angeleuchteten Dom rühmen.

Überhaupt ist das Publikum von ganz eigenem Reiz. Die Mehrheit hält Theater für die gewaltigste Errungenschaft der Zivilisation und die Mainzer Bretter für die bedeutendste Bühne der Gegenwart. Die ›Freunde des Mainzer Theaters‹, ein fast so herausragender Verein wie der Mainzer Carneval Club, berichten immer wieder von Berlin- oder Wien-Fahrten und wie miserabel die dortigen Aufführungen doch seien – gemessen an den hiesigen. Ich bin deshalb froh, dass das Mainzer Theater schon vor etlichen Jahren einen neuen würdigen Namen erhielt. »Stadttheater« klang allzu bescheiden. »Staatstheater« macht viel mehr her. Und Welturaufführungen gibt es seitdem auch – die allerdings vom Rest der Welt leider nicht bemerkt werden und schon bald nach der Premiere im Staub des Fundus versinken. Ach, undankbare und verständnislose Zeitgenossen! Was für die Mainzer Theatergänger überhaupt nicht gilt. Sie zeigen sogar für das ablehnende Urteil des Theaterkritikers am Ort viel Verständnis: »Der hat schlechte Laune gehabt an dem Abend.«

Das Publikum im Mainzer Theater hat hohe Ansprüche, ist immer neugierig auf die Handlung und besitzt deshalb keinen Sinn für irgendwelche Faxen der Regie. Es geschah in einer ›Kabale und Liebe‹-Aufführung, Luise war schon sehr ängstlich, Ferdinand leuchtete mit einer Kerze, und der alte Miller sprach dumpf: »Du bist allein, und es ist finstre Nacht, meine Tochter« – da hörte ich es hinter mir dramatisch flüstern: »Jetzt isses soweit, dess iss die Stell, jetzt bringt er se um.«

Einen Modernen des Theaters und der Literatur lieben die Zuschauer jedoch inniglich. Einen Modernen aus ihrer Schülerzeit. Sie lieben ihn so sehr, dass sie eifersüchtig über ihn wachen und vor fremden Städten heftig als den Ihren verteidigen: Carl Zuckmayer. Ihn, den im fünfzehn Kilometer südlich gelegenen Nackenheim geborenen, aber in Mainz zur Schule gegangenen Dichter, hat man kurz entschlossen eingemeindet, als Adoptivsohn angenommen, zum Ehrenbürger ernannt, und wenn der Kulturdezernent eben noch in eine Ausstellung über ›Satire und Kabarett‹ einführt – mit einem plötzlichen Ruck hält er auf einmal ein glühendes Plädoyer für ›Zucks‹ Werk und das Menschliche in ihm. Sogar die Witwe des Schriftstellers spielte eine gewisse Rolle in der Stadt, auch wenn sie nie hier lebte. Als Frau Zuckmayer einst die Zuckmayer-Medaille dem knurrigen Schweizer Dramatiker Dürrenmatt überreichen sollte (einer dieser typischen Mainzer Schabernacks), sah es auf dem Foto in der Zeitung so aus, als habe sie die Zuckmayer-Medaille sich nun endlich selbst verliehen, und Unkundige fragten: Was sucht dann der alte Mann mit der Vollglatz uff dem Bild?

Der Dom und sein Gickel

Wer auch nur einmal durch die Stadt spaziert, dem fällt sofort eine Besonderheit auf, die typisch für Mainz ist: seine vielen Kirchen. Ob St. Ignaz oder Johanniskirche, ob Augustinerkirche oder Christuskirche, ob St. Quintin oder Karmeliterkirche – hier wird der Gläubige ehrfürchtig sein Haupt senken und der an Sakralbauten Interessierte jauchzen.

Die oberhalb der Altstadt thronende Stephanskirche ist etwas ganz Besonderes. Im Zweiten Weltkrieg dreimal zerstört, ist ihre Geschichte nach 1945 maßgeblich von einem Mann bestimmt worden, der selbst eine wechselvolle Lebensgeschichte vorweisen kann. Als Sohn eines jüdischen Vaters durfte er im Dritten Reich nicht studieren und entging nur durch Zufall der Deportation in ein Vernichtungslager. Dieser Mann heißt Klaus Mayer. Er trat nach dem Krieg in das Mainzer Priesterseminar ein, erhielt die Priesterweihe und wurde schließlich Pfarrer der Stephanskirche. In dieser Funktion nahm er 1976 Kontakt zu Marc Chagall auf, dem in Frankreich lebenden jüdischen Künstler, der mit Deutschland innerlich abgeschlossen hatte.

Monsignore Mayer wollte ihn dazu bewegen, neue Fenster für die Stephanskirche zu schaffen, ein Zeichen der Versöhnung sollte es sein. Chagall reagierte nachdenklich, das müsse er sich überlegen, dazu brauche er viel Zeit. Der weltberühmte Künstler zählte damals gerade mal zarte 86 Jahre. Klaus Mayer ließ nicht locker, fuhr mehrfach nach Südfrankreich, so dass sich allmählich eine Freundschaft entwickelte, und 1981 schließlich zog ihn Marc Chagall in sein Atelier, zeigte ihm die ersten Entwürfe für die neuen Fenster der Stephanskirche – und verzichtete auf sein Honorar. Als der Künstler hochbetagt vier Jahre später starb, wurden die Arbeiten von einem seiner Schüler beendet. Heute besuchen die Stephanskirche 300 000 Touristen jährlich, sie kommen wegen der Chagall-Fenster – aber auch zu Klaus Mayers regelmäßigen »Meditationen«, die sich als begeisterte, sinnenfrohe und kenntnisreiche Führungen durch die sakralen Meisterwerke eines der großen Künstler des 20. Jahrhunderts herausstellen.

Die Fenster der Stephanskirche sind das Eine – doch der Dom ist das bedeutendste Bauwerk in ganz Mainz. 1975 feierte man sein tausendjähriges Bestehen, und alles war auf den Beinen, sodass auf dem Domplatz kein Stehplatz mehr zu erobern war. Die Mainzer feierten eine Art sakrale Fassenacht und ließen sich in ihrer Feierstimmung überhaupt nicht irritieren von all den gelehrten Reden über Historie, Baumeister und die vielen anderen Details des Gotteshauses.

Natürlich muss man den Dom bewundern. Ein Monument, das aus der Vergangenheit in die Gegenwart hineinragt und ihr dadurch klar macht, wie rasch auch sie verbleicht und bald dem Gestern angehören wird. Innen führt der Weg vom düsteren Ostchor in den lichten Westchor; wer es bedächtig und mit Muße angehen lässt, dem wird es vorkommen wie eine Wanderung vom finsteren Mittelalter in die helle Neuzeit. Von außen zieht mich der Dom vor allem bei Nacht in Bann, wenn die Türme angeleuchtet sind. Die Teufelsfratzen und Schweinsgesichter am Westturm zeigen, wie man ein Gotteshaus im Hochmittelalter verstand: als einen himmlischen Ort – innen. Mit dem Außen dagegen müssen die Höllenfiguren vorlieb nehmen.

Alles im Dom ist erforscht, vom Mittelschiff

bis zu den Grabplatten, von der Domorgel bis zu den Domglocken, vom Ostchor bis zum Kreuzgang – nur über den Hahn oben auf dem Westturm erfährt der Wissbegierige kaum etwas. Die Mainzer nennen ihn Domsgickel. Gewiss, ein Wetterhahn ist's, nur sieht man ihn von unten kaum. Klein wirkt er, dabei misst er in Wirklichkeit einen Meter in der Höhe und in der Breite. Er ist kein flacher Gickel aus einer Metalltafel gearbeitet, sondern besitzt Körper, geradeso als könne er, wenn er nur wolle, wie ein Adler davonfliegen. Aber er belässt es beim schönen Schein, denn er sieht seine Aufgabe darin, uns zu erinnern: an die Prophezeiung von Jesus, dass Petrus ihn dreimal verraten werde, bevor der Hahn kräht. Nichts anderes als ein Anti-Bigotterie-Programm verkörpert er. Traut Euch nur nicht zu viel zu! ruft er uns zu, ihr da unten wollt stark sein, aber wenn's drauf ankommt, seid ihr schwach und lauft davon.

Ja, so isses, stimmt der echte Mainzer ein und erläutert seelenruhig, wie der Domsgickel sich im Wind dreht und wie man daraus eine Wetterregel ableitet: »Scheißt der Gickel Richtung Rhein, wird morgen Regenwetter sein.«
Wer das benachbarte Frankfurt kennt, wird

Mainz eher für eine Oase der Ruhe halten, einen Hort der Friedfertigkeit, einen Port des stillen, stehenden Wassers, in dem ab und zu eine Sumpfblase aufsteigt. Und doch galten die Studenten den Bürgern der Stadt lange Zeit als geheime Umstürzler, als durchtriebene Revoluzzer, die es sich nur nicht anmerken ließen. Auch das hat Tradition, schon der berühmte Weltumsegler, Naturforscher und Autor Georg Forster wurde in seiner Zeit im 18. Jahrhundert von den Mainzern verdächtigt, mit den Franzmännern zu liebäugeln und die Revolution in die Stadt zu tragen. Dieser Forster war keiner der Ihren. Eher ein welscher Geselle, der auf Umsturz machte. Da man ihm seine Verdienste aber nicht ganz absprechen konnte, widmete man ihm schließlich eine Straße in der Neustadt – doch der Vorname wurde abgeschnitten. Nur Forsterstraße, das musste genügen!

Dennoch hängen die Schriftsteller an Mainz. Manche so rührend wie Kurt Mautz, der Erzähler und Schreibmaschinenpoet, der fast sein ganzes Leben, das nahezu das gesamte 20. Jahrhundert umfasste, in der Stadt verbrachte und ihr auf Mundart ein herrliches Gedicht schrieb, in dem sich die Zeilen finden: »In Määnz konn ich alt wern un schdeerwe, in Wiesbade wärs schun schwiericher.« Gestorben ist er dann doch in Wiesbaden, neun Jahre später im Jahr 2000 und mit sehnsuchtsvollem Blick auf die andere Rheinseite. Mainz zeigte keine Gegenliebe; eine kleine Feier zu seinem 80. Geburtstag richtete die Stadt Wiesbaden aus.

Es ist zwar schon einige Jahre her, dass auch die Mainzer mit solch seltsamen Experimenten wie Go-ins, Sit-ins und Teach-ins Bekanntschaft machen mussten, was die Einen als studentischen Ulk der Neuzeit auffassten, während die Anderen kommunistische Unterwanderungs-

aktionen vermuteten, gesteuert aus der fernen DDR. Dem Mainzer, der von solchen revoluzzerhaften Aktionen erfuhr, erschien der Akademiker fortan als ferngesteuerte Wühlmaus. Die Stadt unterhöhlen? Irgendwelche Talare ausklopfen? Und der Staub geht wohl auf unserer Großen Bleiche nieder! Derlei Weltverbesserer und so genannte Studenten hatten in Mainz nichts verloren. Dabei war alles halb so schlimm. Denn an der Uni selbst, bei »dene da obbe«, nahm man die Dinge, ganz nach Mainzer Art, gelassen hin. Bevor die Assistenten und studentischen Hilfskräfte in den Streik traten, erledigten sie sorgfältig noch die wichtigsten Arbeiten am Institut.

Worauf ein Professor in die Bibliothek trat und mit milder Stimme mahnte: »Herrschaften, aber ab morgen wird dann endlich revoltiert.«

Wir sind alle liberal, gell?

In Mainz wirkt die Vergangenheit. Das ist ja schon etwas in unseren Zeiten. In Frankfurt zum Beispiel ist Vergangenheit ein Fremdwort, in Offenbach weiß kein Türke, wovon überhaupt die Rede ist, in Wiesbaden ist sie als Dauerparfüm in der Luft, in Darmstadt passt einer auf, dass sie nicht spurlos verschwindet, das ist der Lange Ludwig auf dem Luisenplatz.

Aber in Mainz wirkt die Vergangenheit, und vielleicht könnte man sogar sagen: Je moderner die Stadt sich gibt, desto modriger ist ihr Atem. Immerhin, eine der besten Eigenschaften des deutschen Mittelalters, die Gelassenheit, in Mainz scheint sie sich in die Gegenwart hinübergerettet zu haben. Wo Frankfurt erfüllt ist vom endlosen Hasten und Rennen und Geschäftemachen, vom ziellosen Durcheinander im Rhythmus des Egoismus (kein Wunder, dass eine Sozialphilosophie wie die Kritische Theorie gerade hier entstand), wo Frankfurt zu Glas und Beton erstarrte Nervosität ist – da nimmt sich Mainz auch immer die Zeit zum Träumen. Hier stocke ich schon, denn richtiger ist es sicher zu sagen: zum Dösen.

Das Dösige ist an vielen Ecken und Enden zu erkennen. Die Schriftstellerin Anna Seghers, die in Mainz aufwuchs, wurde schnell noch vor ihrem Tod zur Ehrenbürgerin gekürt. Vierzig Jahre lang hatte die Stadt am Rhein nichts von sich hören lassen, ja, ja, da gab es eine Kommunistin in Ost-Berlin, weit weg und fern der Heimat ... Doch auf einmal fand jemand heraus, dass diese Frau auch den wunderbaren Roman ›Das siebte Kreuz‹ geschrieben hatte. Der spielt doch hier in der Gegend? Nix wie los und die Autorin auf die Schultern gehoben. Ihre Geburtsstadt ehrte sich gern selbst, indem sie sich mit ihr schmückte. Der örtliche Anzeiger hat das Ereignis eifrig gelobt und nichts dabei gefunden, dass er einige Jahre zuvor, als es um Anna Seghers Ehrenbürgerschaft der Universität ging, die entgegengesetzte Meinung genauso heftig vertreten hatte. Wenn es um den Fortschritt geht, ist man sich in Mainz für nichts zu schade. Hauptsache, es geht voran, die Richtung ist egal.

In Mainz heißt das: Wir sind alle liberal, gell! Und außerdem, das klingt ebenso gut, tolerant. Liberalität und Toleranz, so sieht sich der Mainzer gern und gut charakterisiert. Und auf eine Provokation reagiert er in Loriotscher Manier: Nehmen Sie das eventuell zurück? – Nein! – Dann ist der Fall für mich erledigt.

Wer die Stadt zur Fastnachtszeit besucht oder gar für länger bleiben will, sollte sich wappnen. Das Dösige hat ein einnehmendes Wesen. Nach einigen Stunden ist man, in einer Weinstube sitzend, von einer nicht unangenehmen Schläfrigkeit befallen, nach einigen Tagen scheint die Döserei das schönste Tun auf Erden, nach einigen Wochen gluckst man glücklich im Tiefschlaf und wundert sich beim seltenen Erwachen bloß, wie es draußen in der Welt doch zugeht. Hier wäre nun, wider alle Logik, zu behaupten: Die Vergangenheit wirkt in Mainz, ohne dass man es auch nur merkt. Es ist alles Vergangenheit, und auf einmal ist die Zukunft auch schon vorbei. Rafft der Quartalsschläfer sich jedoch einmal auf und geht vor die Tore

der Stadt, so stellt er augenreibend fest: Überall brennt's ja! Und kehrt gemächlich wieder zurück in seinen Traum Mainz.
Doch das alles sind nur vorläufige Erkenntnisse. Die Mainzer sind im Grunde ein viel zu wenig erforschtes Völkchen. So wie es einen Homo heidelbergensis gibt, so gibt es auch einen Homo moguntiensis. Der Sammler und Liebhaber menschlicher Gestalten, Physiognomien und Seelenlandschaften wird diesen Typus mit Inbrunst studieren, hier tut sich für den Anthropologen ein unüberschaubares Feld auf, hier sind weiße Flecken auf der Landkarte des menschlichen Seins zu erkunden, hier wird der Ethnologe fündig und der Sprachwissenschaftler entzückt sein. Ich bin sicher, dass spätere Generationen eifrig den Typus des ›Määnzer Schlippchens‹ erforschen werden. Nur in der Stadt selbst bleiben sie unbeachtet, wie übrigens auch in der Gegenwart, man wird höchstens fragen, was sich eigentlich verändert hat. Und auf dem Postamt wird ein älterer Gonsenheimer mit einem lateinischen Wort die Lage erklären, indem er das berühmte »Errare humanum est« seinen Zuhörern frei übersetzt und deutlich macht, dass es nichts anderes heißt als

»Der Mensch ist irre« – womit er eine Mainzer Weisheit, die mehr und mehr internationale Züge annimmt, gelassen ausgesprochen hat.

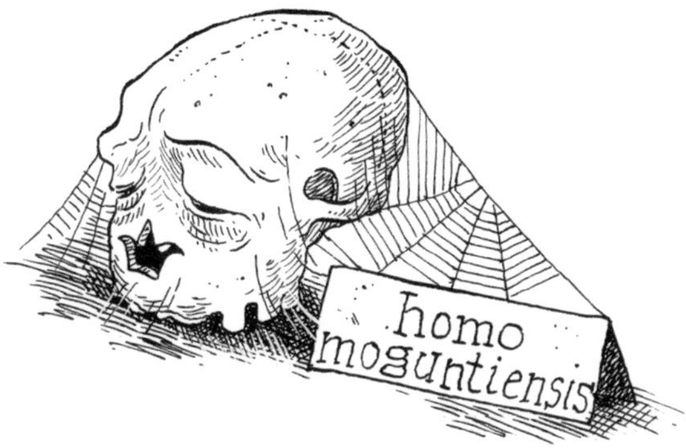

Der Autor

Lothar Schöne, geboren 1949 im sächsischen Herrnhut, hat lange in Mainz gelebt und studiert und dort als Feuilletonredakteur bei der ›Allgemeinen Zeitung‹ und als Mitarbeiter des SWR gewirkt. Zwischendurch zog es ihn hin zur Wiesbadener Diva. Mittlerweile lebt er in Heidenrod im Taunus und genießt beide Städte als regelmäßiger Besucher. Er hat Romane, Erzählungen und Sachbücher publiziert, zuletzt erschien von ihm »Das Labyrinth des Schattens«. Er erhielt mehrere Literaturpreise und war Stadtschreiber in Erfurt, Offenbach a. M und Klagenfurt. Wer mehr erfahren will, eile zu seinem Rechner: www.lothar-schoene.de.

A
I

Diva und Domsgickel

Lothar Schöne

Diva und Domsgickel

Mainz und Wiesbaden
Rivalen am Rhein

E. Humbert Verlag

Das Buch wurde gedruckt mit freundlicher Unterstützung von
Jürgen Stutzmann, St. Goarshausen.

Bibliografische Information der Deutschen Bibliothek
Die Deutsche Bibliothek verzeichnet diese Publikation in der Deutschen Nationalbibliografie; detaillierte bibliografische Daten sind im Internet über http://dnb.ddb.de abrufbar.

2. Auflage 2012

Postfach 11, 55292 Bodenheim

www.ehumbert-verlag.de

Umschlagmotiv: Diva und Domsgickel.
Aquarell von Andreas Schürmann
Umschlaggestaltung: two-up, Sibylle in der Schmitten,
Düsseldorf
Layout und Satz: two-up, Sibylle in der Schmitten, Düsseldorf
Druck: Druckerei Zeidler GmbH & Co. KG, Mainz-Kastel
ISBN 978-3-939285-03-8

Die Diva am Rhein

Wiesbaden – Nizza des Nordens

Ihre Anfänge liegen in tiefem Dunkel. Niemand weiss was Genaues, und sie selbst schweigt sich beharrlich aus. Wiesbaden, die Diva am Rhein, hat ihr Alter in undurchdringliches Parfüm gehüllt. Doch eine kleine Indiskretion sei erlaubt: Als Cäsars Legionäre einst den Fluss überschritten, um mal nachzusehen, was auf der anderen Seite des Rheins los war, lag sie schon hingestreckt in einer Senke und schlummerte.

Das tut sie oft auch heute noch, nur weisen es ihre Einwohner weit von sich. Schlummern? Nie und nimmer. Man tummelt sich im Thermalbad, labt sich am fauligen Wasser des Kochbrunnens, flaniert die Wilhelmstraße auf und ab und genießt den weitläufigen Kurpark. Hier ist Leben! Hier ist Eleganz! Hier ist weite Welt! Wir befinden uns im Nizza des Nordens.

Das ist keine dieser ollen Kurstädte, in denen Gichtbrüchige und Rheumageplagte sich von einer Klinik in die andere schleppen, und Rollatoren das Straßenbild beherrschen. Daran ist eines richtig: Wiesbadens Heilkräfte zogen bereits früh in der Geschichte allerlei Volk an, um nicht zu sagen Völker. Daraus entwickelte sich eine gewisse Geschäftigkeit. Schon bald vertrieben die Germanen die Kelten, und die Römer schlugen danach die Germanen in die Flucht. Zugleich waren sie entzückt von den heißen Quellen. Kein Geringerer als Plinius in seiner ›Naturkunde‹ gedachte ihrer – und das bereits im Jahre 50 nach Christus. Es ging drunter und drüber damals in Wiesbaden: Die

Ansiedlung war ständigen Überfällen und Plünderungen ausgesetzt. Jeder wollte sich in den heißen Quellen gesundplantschen. Paradoxie der Geschichte: Wer die Beschaulichkeit genießen wollte, musste sie erst mit Waffengewalt herstellen.

Doch die Römer sollte man nicht allzu sehr verdammen, sie erst schufen die Badeanlagen und privaten Wohnhäuser, die sich vom Kochbrunnen in die heutige Lang- und Kirchgasse erstreckten. Fleißige Leute waren es obendrein, denn nach jedem feindlichen Alemanneneinfall bauten sie das Zerstörte rasch wieder auf. Vermutlich hatten sich die Legionäre schon in die Diva verliebt und konnten es nicht ertragen, sie verletzt zu sehen. Auch wollten sie ihr eine angenehme Lagerstätte verschaffen und legten ein Stück sumpfigen Bodens nach dem anderen trocken.

Ist die Wiesbadener Seife schon eingetroffen?

Doch die wahre Meisterleistung Wiesbadens sollte noch kommen: Es war die Seifenherstellung. Nicht nur die römischen Damen schätzten

jenes Produkt der Körperreinigung – in ganz Germanien fand die Wiesbadener Seife reißenden Absatz, wie der römische Satiriker Martial im 1. Jahrhundert n. Chr. berichtet. Die Diva am Rhein muss zu jener Zeit, wir schreiben das dritte Jahrhundert nach Christus, so etwas wie die Seifenhauptstadt Deutschlands gewesen sein, und es ist gut vorstellbar, dass die Dame des Hauses in Köln und Kassel, in Hamburg und Hannover, Berlin und Buxtehude (oder den Ansiedlungen, die sich allmählich zu diesen Städten entwickelten) jenes Kulturgut heftiger als alles andere von ihrem Gatten begehrte. Ist die Wiesbadener Seife schon eingetroffen? wurde allerorts in deutschen Landen gerufen – und die Diva räkelte sich genüsslich in ihrer trockengelegten Senke zwischen Rhein und Taunus.

In das Städtchen strömten mittlerweile von allen Ecken und Enden des Landes die Kranken, ja, sie kamen von weither, sogar aus dem fernen Osten, und fanden sie Linderung ihrer Qualen, zeigten sie sich spendabel und errichteten einen Tempel wie den unweit des Adlerbades, der dem orientalischen Gott Dolichenus geweiht ist. Der Ur-Wiesbadener nahm solches gelassen zur Kenntnis, weist es doch auf seine

frühe Weltläufigkeit hin. Hier der Dolichenus-Tempel, da die russisch-orthodoxe Kirche auf dem Neroberg, im Volksmund die »Griechische Kapelle«, dort der Russische Friedhof – die Diva hatte für jeden ein Plätzchen frei, auch wenn er kein Dauergast bleiben sollte.

Dem römischen Wiesbaden, es nannte sich Aquae Mattiacae, aber war keine lange Lebensfrist beschieden. Die Alemannen ließen sich sogar durch die von den Römern errichtete Heidenmauer nicht abwehren. Eines Tages, es muss Mitte des 5. Jahrhunderts gewesen sein, rissen sie sie nieder und mit ihr den ganzen römischen Badeort. Das brachte ihnen eine ge-

wisse Abneigung der Damenwelt ein, denn mit der Wiesbadener Seife war's fortan aus. Auch die Gichtbrüchigen in nah und fern waren auf den germanischen Stamm nicht gut zu sprechen – schließlich hatten er ihnen den Kurort unter den Füßen weggezogen.

Die Alemannen taten sich weder als Baukünstler hervor, noch waren sie sonderlich auf Körperreinigung erpicht. Die Thermen ließen sie zerfallen, von der Seife aus Wiesbaden hörte man nie mehr etwas. Stattdessen muteten sie der Schönen am Rhein ihre mickrigen Hütten zu – eine Beleidigung für deren ästhetisch geschulte Augen. Ein solches Volk konnte sich in Wiesbaden nicht lange halten. Schon nach 150 Jahren wurde es von den Franken vertrieben, die sogleich erkannten, dass der Ort etwas Besonderes war. Die zum Marktflecken heruntergekommene Ansiedlung wurde dem König als Privateigengut zugesprochen. Fortan wandelten ihre Einwohner auf hochherrschaftlichem Boden, was sie nur zu Beginn ein wenig erstaunte, dann aber für selbstverständlich hielten.

Der König inkognito

Als ein Mainzer damals mit seinem Pferdekarren nach Wiesbaden hineingeholpert kam, wurde ihm in der Nähe des heutigen Staatstheaters von einem Pensionsbesitzer beschieden, er solle sein Fuhrwerk doch weiter draußen abstellen. In der Nähe seiner feinen Herberge wolle er den Karren nicht sehen. Vermutlich rührt aus jenen frühen Tagen die unübersehbare Rivalität zwischen den Städten am Rhein. Dort der derbe Bauer aus Mainz, der sich am Kochbrunnen zu laben versuchte, hier der von den Zeitläuften zwar gebeutelte, doch irgendwie königlich empfindende Hotelier aus Wiesbaden, der auf Etikette achtete. Die Kulturen der beiden Nachbarstädte liefen von Anfang an auseinander.

Es gibt aber auch Gemeinsamkeiten. Denn wie Mainz hatte sich Wiesbaden inzwischen zu einem kleinen, doch fleißig vor sich hinschmurgelnden Schmelztiegel entwickelt. Germanen und Römer, Alemannen und Franken hatten sich vermischt, und mancher Kurgast aus Osteuropa und dem Orient hatte sich dazugesellt und seine Kur auf Lebenszeit ausgedehnt. Die Badeanlagen wurden wieder benutzt und auch

viel adeliges Volk strömte herbei. Nur einer ließ sich nicht sehen: der fränkische König. Noch heute schmerzt es die Wiesbadener, dass Chlodwig der Stadt und ihren Quellen nicht die Ehre gab.

Doch Könige kamen und gingen. Blieb der eine auch fern und pflegte nicht das Tête-à-tête mit der Diva am Rhein, so ließ sich sein Nachfolger nicht lange bitten. Chlodwigs Frankenreich verschwand von der Bildfläche, die Karolinger schwangen nun das Zepter und deren Chef, man nannte ihn Karl den Großen, liebäugelte heftig mit Wiesbaden. Nicht nur den Weinbau förderte er, sodass die Stadt heute noch über ihren eigenen Weinberg verfügt, jener große Karl soll sogar hin und wieder persönlich und ohne es an die große Glocke zu hängen nach dem Rechten gesehen haben. Man stelle sich das vor: der König incognito bei der Diva am Rhein – und keiner hat's gemerkt.

In jener Zeit auch, man schreibt das Jahr 829, erwähnen die Chronisten ausdrücklich den Namen des Ortes, sie nennen ihn »Wisibada« , Wiesenbad. So also muss man sich den frühmittelalterlichen Flecken vorstellen: als ein Bad in den Wiesen. Doch das Badeleben hatte es in

sich. Ein Professor aus Erfurt besucht nur ein Jahrhundert später den Mainzer Weihbischof und erblickt in dessen Haus »höchstmerkwürdige« Wandmalereien. Barbusige Frauen reckten ihm ihre üppigen Leiber entgegen. Stark irritiert befragt er seinen theologischen Freund, der ihm Aufklärung gewährt: Ein Badefest in Wiesbaden sucht an seinen Wänden zu überdauern. Man müsse schließlich die Laster der Zeit veranschaulichen, damit sie abschreckend wirken.

Orgien der Unzucht

Jener Professor verfasst unverzüglich einen Traktat über das Geschaute: Männer und Frauen, heißt es dort, kommen ins Bad »mit Trompeten und Trommeln«, mit vollen Weinflaschen, ja, ganzen Fässern. Beide Geschlechter tummeln sich im Wasser, man isst von schwimmenden Tafeln reichliche Speisen unter erregender Musik. Posaunen- und Schalmeienklänge übertönten nur notdürftig die Lustschreie. Man wäscht den Leib, hält der Gelehrte fest, doch befleckt die Seele. Und sogar Nonnen und

Mönche scheuten sich nicht, an dieser »Orgie der Unzucht« teilzunehmen.

Nun versteht man, warum die Namen der Badehäuser sich damals rasch änderten. Hießen sie vorher »Zu den guten Leuten« oder »Zum Brünnlein« , so finden sich jetzt Bezeichnungen wie »Zum Bock« oder »Zum Horn« oder »Zum Phallotri«. Die Orgien der Lust, die der Mainzer Domherr sich als Tapetenersatz ins Wohnzimmer pinseln ließ – eine informative Wandpornographie gewissermaßen –, scheinen auch den Badegästen recht gut gefallen zu haben. Es entstanden sogar Badeschriften, die zum Besuch der wildesten Badehäuser einluden. Auch die Poesie kam nicht zu kurz dabei. Denn diese Hauszeitungen waren mit deutschen und lateinischen Versen berühmter Dichter der Zeit geschmückt. Vermutlich tummelten sie sich zu Zwecken der Recherche selbst im »Bock« oder »Phallotri«, ließen eine reich gedeckte Tafel an sich vorbeischwimmen, kniffen unter Wasser einer üppigen Schönen in den Po und ließen sich sogleich Papier und Feder reichen, um die Szenerie in ein Gedicht zu bannen. Welche Aussichten für Poeten damals! Vermutlich durften sie die Unzucht sogar kostenlos genießen.

Und der Badewirt begrüßte sie herzlich, legte ihnen ein Handtuch über den Arm und flüsterte ihnen schnell noch den Abgabetermin für ihr lyrisches Werk ins Ohr, bevor der Dichter zu den Diven ins Wasser glitt. Ja, im hochmittelalterlichen Wiesbaden ließ es sich leben.

Über all den Lustbarkeiten ist es den Chronisten entgangen, wann der Ort eigentlich Stadtrechte erhielt. Bereits 1242 sprach man von der »kaiserlichen Stadt«. Und durch ein Privileg Karls IV. gewannen ihre Einwohner 1348 die erste Bestätigung, Städter zu sein. 1393 erhielten sie Brief und Siegel darauf und mussten sich verpflichten, Tore und Mauern zu bewachen. Nach mancherlei Wandlungen war die oberste Gewalt in den erblichen Besitz der Grafen von Nassau übergegangen, die eine Stadtverwaltung und ein Stadtgericht installierten. Letzteres benutzte ein besonderes Gerichtssiegel, das sich zum Wappen der Stadt mauserte: drei goldene Lilien auf blauem Feld. Die Lilienstädter – nun waren sie Nassauer geworden und besaßen ein eigenes Fähnlein, das noch heute im lauen Wind der Stadt baumelt. Freilich nur an hohen Feiertagen, wie etwa den Maifestspielen, wo in der Wilhelmstraße

neben den Flaggen Frankreichs, Polens, Italiens, Großbritanniens auch die Wiesbadens zu flattern versucht. Jawohl, hier fühlt man international. Verbundenheit mit fremden Staaten, fernen Ländern – das ist unser Genre. Hinaus in die Welt möge der Klang Wiesbadens erschallen, und wenn als Echo nur ein müdes Gemurmel zurückkehrt, so pflegen die Lilienstädter es einfach zu überhören. Hauptsache, man hat sie draußen in der weiten Welt vernommen.

Doch zurück zum nassauischen Gericht. Verhandlungen fanden unter freiem Himmel statt, erst später, gegen Ende des Mittelalters, wurden sie ins Rathaus verlegt. Die Schöffen konnten sein »paffen oder laien, edel oder unedel« – erscheinen mussten sie auf jeden Fall, sonst setzte es Strafen von 30 Hellern. Es scheint damals allerhand verhandelt worden zu sein in »Wiesebad«. Manchmal wussten die einheimischen Schöffen nicht weiter und wollten »des rechten nit finden«, dann wurde der Fall abgegeben nach »franckeford«. In Frankfurt saß die nächsthöhere Instanz, die sich der Angelegenheit lachend annahm, wie es in einem zeitgenössischen Dokument heißt. Darüber werden die Wiesbadener freilich nicht geschmunzelt

haben, aber abfinden mussten sie sich damit. Ihr Städtchen zählte Ende des 14. Jahrhunderts gerade mal 1000 Einwohner, Frankfurt war größer und wurde nicht nur von Kurgästen geplagt.

Wiesbaden – beinahe Mainzer Provinz

Dafür lebte es sich in Wiesebad, alles in allem, recht angenehm. Zerstörte nicht gerade eine Feuersbrunst den Ort, wie in den Jahren 1546 und 1561, berichten die Chronisten vom »gediegenen Wohlstand« und »stillen Behagen« der Bewohner. Bedrohlich wurde die Lage erst wieder, als die nassauische Grafenlinie ausstarb und der Mainzer Erzbischof Johann Schweikard die Herrschaft über Wiesbaden an sich zu reißen versuchte. In Mainz machte man schon mobil. Die Besetzung Wiesbadens stand vor der Tür. Doch da schickte ein anderer Mächtiger, der Graf von Nassau-Saarbrücken, seine Truppen hoch zu Ross der bedrohten Stadt zu Hilfe. Der Erzbischof zeigte sich weise, ließ es auf eine kriegerische Auseinandersetzung nicht ankommen – und Wiesbaden blieb verschont vom Überfall der Linksrheinischen und wurde

nicht Mainzer Provinz. Man schrieb das Jahr 1609.

Doch kaum vierzig Jahre später drohte den Wiesbadenern von Mainz her neue Gefahr. Die Franzosen in der Stadt führten eine Art Strafexekution aus, weil die Lilienstädter nicht genügend Proviant in die Bischofsstadt geliefert hatten. Zur Strafe raubten sie ihnen Orgeln und Glocken aus den Kirchen und wüteten in den Bade- und Privathäusern wie die Vandalen. Seit jenen Tagen herrscht ein gewisser Missklang im Verhältnis der beiden Städte zueinander. Die Wiesbadener schauen seitdem mit Argusaugen auf die andere Seite des Rheins, was die neuzeitlichen Mainzer überhaupt nicht daran hindert, an rheinland-pfälzischen Feiertagen in der Kurstadt einzufallen, um die Kaufhäuser und Geschäfte zu plündern. Freilich verhalten sie sich heute zivilisierter – sie zahlen wenigstens dafür. Damals aber war die Stadt übel zugerichtet. Von vielen Badehäusern standen nur noch die kahlen Mauern, andere wurden als Pferdeställe genutzt – soweit es noch Pferde gab. Der 30-jährige Krieg hatte auch sie hingerafft, wie viele Wiesbadener Familien, die gänzlich ausgestorben waren. Gerade noch

hundertachtzig Einwohner verliefen sich im Wiesbaden des Jahres 1666.

Doch die arg zerfledderte Diva am Rhein rappelte sich wieder auf. In den dreißiger Jahren des 18. Jahrhundert besucht sie ein Franzose, diesmal in friedlicher Absicht, und preist die »Amusements« in den »Bains des Wisbaden et de Schlangenbad«. Eines kritisiert der welsche Genießer aber heftig: dass das Wasser in den Bassins nur einmal täglich gewechselt werde. Wer nicht frühmorgens zum Bade komme, müsse im Schmutz der Vorgänger waten. Auch finden die Betten in der Unterkunft sein Missfallen: Das Ungeziefer darin mache das Schlafen zu einer Qual. Übersät mit Wanzenbissen schrecke man mehrfach in der Nacht auf. Dafür lobt er die schönen Häuser und wohlgeratenen Promenadenwege. Und die gebotene Unterhaltung findet er ebenfalls erwähnenswert. Er meint die Hausierer, die vom Kamm übers Parfum bis zum Sparstrumpf alles Mögliche feilböten, denen man aber nur ein Viertel des verlangten Preises zahlen dürfe. Es handelte sich offenbar um einen Franzosen aus der Provinz.

Auf jeden Fall war die Stadt wieder präsent, die Diva hatte sich aufs Neue herausgeputzt,

und an Sonn- und Feiertagen zog sie viele auswärtige Besucher an. 1744 wurde sie Hauptstadt des Teilfürstentums Nassau-Usingen, und als 1806 das Herzogtum Nassau entstand, ernannte man Wiesbaden sogleich zu seiner Hauptstadt. Die Mainzer holperten wieder mit ihren Karren herbei und ließen sich nicht in den Vororten Schierstein oder Biebrich aufhalten, obwohl gerade in Biebrich etwas zu bestaunen gewesen wäre: der Bau eines Schlosses nach Versailler Vorbild. Der Landesherr Georg August hatte befohlen, ein »herrschaftlich neyes Lusthaus« für seine Gattin zu errichten. Auf eine Art Wochenend-Schlösschen ging sein Sinn, doch im Laufe der Jahrzehnte wuchs sich der Bau bis zu seiner Fertigstellung Mitte des 18. Jahrhunderts zu einem Palais aus, in dem man sich verlaufen konnte. Ein wunderbarer Prachtbau ist es geworden, dessen Gartenanlage heute für Festivitäten und Reitturniere genutzt wird. Papageien aller Art flattern frei zwischen den Bäumen herum – ganz offenbar haben sie den Biebricher Schlosspark als Asyl akzeptiert.

Georg August befasste sich aber auch mit Kleinigkeiten. Er ordnete etwa das Kehren

vor den Häusern an, verbot Strohdächer und befahl, die erste Feuerspritze anzuschaffen – und auch eine neue Badeordnung schuf er: Das Wasser in den Bassins musste öfter ausgewechselt werden, und Langhaarige durften nur noch mit Badehelmen in die Becken stei-

gen. Der Landesvater Georg August reformierte unentwegt bis zu seinem Lebensende. Die Schulbuben etwa wollte er das Fürchten lehren. Er ordnete straffe Schulzucht an, untersagte ihnen Lärm und Tumult auf den Straßen; wer sich herumbalge, solle von Aufsehern nach Hause gejagt und notfalls mit der Peitsche gezüchtigt werden. Doch Wiesbadens Schüler besaßen damals noch nicht den Yuppie-Zuschnitt von heute. In resistenter Aufsässigkeit kümmerten sie sich um des Landesherrn Anweisungen herzlich wenig, und so musste er seine Verordnungen dauernd wiederholen.

Stadt der Glücksritter

Inzwischen war ein anderes Laster aufgetaucht, mit dem man nicht so recht umzugehen wusste: die Spiellust der Fremden, die allerdings eine sehr konkrete Ursache besaß. Die Kurgäste langweilten sich in Wiesbaden. Einer von ihnen beschreibt den Zustand: Man solle nicht denken, dass die Lustbarkeiten der Stadt glänzend seien. Das genaue Gegenteil wäre der Fall. Bei den Spaziergängen sehe man viel menschli-

ches Elend, und es herrsche eine stille und einförmige Lebensart. Brunnenmeister besorgten das Ausschöpfen des dampfenden Quellwassers, das auf Blechtellern dargereicht werde, während eine Harmoniemusik die Gesichtszüge der Leidenden zu erheitern suchte, was selten gelang. Wiesbaden hatte sich zu einer Lemurengesellschaft verwandelt, und an gedeckten Tischen speiste und lebte jeder für sich. Nur an Feiertagen, wenn die Mainzer kämen, herrsche Getümmel in der Stadt, und die ganze Nacht hindurch werde getanzt.

Aus dieser Schilderung geht eines klar hervor: Die Wiesbadener sollten sich über ihre Nachbarschaft nicht beklagen. Der derbe, aber gesunde Einfall der Linksrheinischen aus Mainz brachte Leben in ihre kränkelnde Bude. Immer und ausschließlich nach Gesundheit streben ist derselben keineswegs förderlich. Aus diesem Grund beschloss der Fürst, den Spielbetrieb zu legalisieren. Bislang schon wurde in allerlei Hinterzimmern und dunklen Ecken gezockt, was die Karten hergaben, und mancher Kurgast dabei gehörig gerupft. Das sollte anders werden. Der gesamte Spielbetrieb wurde in die Hände eines privilegierten Pächters gelegt und

jedes andere Hasardspiel wurde in der Stadt verboten.

Alsbald bevölkerten die Glücksritter aller Stände die Spielsäle. Es existierte ein »Commune-Tisch« für kleine Einsätze, der »Rote Saal« für Leute, die mindestens einen Taler riskieren wollten und der »Weiße Saal«, dort durfte nur mit Gold gespielt werden. Nun, wo die Gesundheit nicht mehr im Mittelpunkt stand, erwachten die Leute zum Leben. Der russische General fieberte zwar am Krückstock, doch mit glänzenden Augen seinem Gewinn entgegen – neben dem polnischen Fürsten, der französischen Marquise und dem deutschen Grafen. Endlich kamen auch Schriftsteller. Iwan Turgenjew war nicht nur ein leidenschaftlicher Spieler, er fand auch Zeit zum Schreiben und nutzte Wiesbaden als Kulisse für seinen Roman »Frühlingswogen«. Fjodor Dostojewski wollte im Casino ein reicher Mann werden – bis er seine letzte Kopeke verspielt hatte. Erst sein Wirt kurierte ihn von seiner Spielsucht: Er verweigerte ihm das Essen. Der russische Autor schrieb daraufhin seinen Roman »Der Spieler«, in dem er seine Abscheu gegenüber den Mitspielern, die ihm die Gewinne wegschnappten, kundtat: »Ganz

besonders hässlich wirkt auf den ersten Blick bei diesem Roulette-Pack die Ehrfurcht vor der Arbeit, der Ernst, ja sogar die Andacht, mit der alles um die Tische herumsteht.« Einen anderen damals sehr berühmten Schriftsteller sah man allerdings nie im Casino, er blieb völlig abstinent. Es handelte sich um Gustav Freytag, der von 1870 bis zu seinem Tod 1895 in Wiesbaden lebte. Erblickt hat ihn kaum jemand, er lebte zurückgezogen in einer weitläufigen Wohnung, seinem Alterssitz, und blätterte in seinem Epos

»Soll und Haben«, das in deutschen Bürgerhäusern viel gelesen wurde. Heute ist die Straße, in der er wohnte, nach ihm benannt.

Doch die meisten Zeitgenossen faszinierte das Glücksspiel, und sie konnten nicht davon lassen. Bismarck verjubelte als 22-Jähriger ein kleines Vermögen in der Wiesbadener Spielbank, um sich anschließend in die Politik zu begeben. Richard Wagner besuchte das Casino 1862 und erspielte sich hartnäckig einen bescheidenen Gewinn. Fluchtartig verließ er danach die Stadt. Seine Gläubiger saßen ihm im Nacken, und er fürchtete, dass sie von seinem Glück gehört hatten. Die Wiesbadener scherte all das wenig, sie begannen vielmehr, im Spielcasino eine Art Heiligtum zu sehen. Kuhhirten und Stadtschäfer erhielten genaue Anweisungen, wann sie ihre Herden hinaustreiben und wann sie heimkehren durften. Und sie mussten einen weiten Bogen um die Spielbank machen: Das Gebimmel der Tiere durfte auf keinen Fall die Konzentration der Süchtigen im Casino stören.

Theater oder Ab in die Vergangenheit

Auch die Theaterbesucher in der Kurstadt durften nicht belästigt werden, weder durch Schafhirten noch durch ihre Herden. Dabei ließen sich anfangs nur Wander-Schauspielertruppen für einige Wochen in der Stadt nieder, und die vornehmen Wiesbadener zogen eilig die frische Wäsche von den Leinen herein. Fahrendes Volk war grundsätzlich verdächtig. Die Schauspieler traten in einem »unansehnlichen Saal« auf, wie ein Kurgast berichtet, es wurde Komödie gespielt, »Thaliens Heiligthum entweiht« und »die Sprache gemisshandelt«. Beim Theater der Zeit, Anfang des 18. Jahrhunderts, handelte es sich überwiegend um Stegreifspiele auf niedrigem Niveau voller Zoten und krasser Derbheiten. Die fahrenden Truppen ließen gern Damen in Hosenrollen auftreten, die zum Finale die Zuschauer von ihrem wahren Geschlecht sichtbar überzeugten. Der Mainzer Domherr hätte seine Freude am Wiesbadener Theater gehabt, doch leider ist keine Wandmalerei von einer solchen Schlussszene überliefert.

Erst 1820 wurde der Spielbetrieb geregelt und dem Direktor des Mainzer Stadttheaters

die Aufsicht und Organisation für Wiesbaden übergeben. Darauf sind noch heute die Mainzer stolz. Erst sie gaben der Nachbarstadt den Musenkuss – davon sind sie überzeugt. In Wiesbaden freilich ist dieses Thema tabu. Die Staatstheaterstadt mit internationalem Flair von denen da drüben theatralisch wachgeküsst – nie gehört! Muss eine dieser üblen Verleumdungen sein. Die Wiesbadener zerbrachen sich damals ihre Köpfe, wie sie zu einem eigenen Theaterbau kommen könnten. Die Stadt zählte nur 6000 Einwohner, und es mussten 100 000 Gulden zusammengebracht werden. Schließlich entschloss man sich, einen Kredit aufzunehmen, und die Nassauer Regierung erklärte sich zu einem festen jährlichen Zuschuss bereit. Das Staatstheater war geboren. 1827 konnte das Haus eröffnet werden. Es stand an der Ecke des heutigen Kaiser-Friedrich-Platzes, und die Zuschauer wurden mit einer Jubelouvertüre von Carl Maria von Weber begrüßt. Gespielt wurde eifrig, in der Wintersaison mussten 48 Opern und Schauspiele aufgeführt werden. Die Kurgäste verlangten viel und immer Neues, sie waren vergnügungssüchtig und wollten vor allem Singspiele hören. Mit einem lustigen Tralala auf

den Lippen verließ man den Musentempel am liebsten, um sich anschließend wieder der ernsten Arbeit an der Gesundheit zu widmen.

Als sechzig Jahre später das Haus zu klein wurde, zeigten die Wiesbadener, was sie unter Tradition verstehen. Im neuen Theater sollten auf keinen Fall die »sozialen Elendsdramen« der Zeit aufgeführt werden, das schien man der Kunst schuldig zu sein. Der damalige Intendant wollte das »Edle und Schöne« gegenüber einem »krankhaften Realismus« verteidigen. Eine Kunst ohne Idealismus war für ihn nicht nur undenkbar – es war gar keine. Die Attacke zielte auf die neue literarische Richtung, den Naturalismus und ihren Hauptvertreter Gerhart Hauptmann. Von dessen Werken wollte die internationale Kurstadt nichts wissen. Stattdessen spielte das Theater Sophokles auf griechisch. Die Devise hieß: Ab in die Vergangenheit, denn dort sind wir am besten aufgehoben. Und gebildet geht's außerdem zu.

Nur bösartige Menschen vermuten, dass es sich auch heute noch so verhält. Dem muss energisch widersprochen werden. Wiesbaden versucht stets, ganz modern zu sein. Wird in Berlin ein nagelneues Drama aufgeführt, dann

findet in Wiesbaden meist die Vize-Premiere statt. Was stört es da schon, dass die Zuschauerreihen wie gerupft wirken. Als Landeshauptstadt fühlt man die Verpflichtung, auch Theaterhauptstadt zu sein. Und selbst mit einer ihr lange fremden Gattung werden die Bürger der Stadt seit einigen Jahren vertraut gemacht: der Literatur. Es existiert in der prächtigen Wilhelmstraße ein repräsentatives Literaturhaus, in dem Schriftsteller wie Diplomaten begrüßt werden – wobei ich hier eine bescheidene Anregung geben möchte: Die Autoren könnten doch mit ›Exzellenz‹ oder wenigstens ›Hofrat‹ angesprochen werden. Außerdem finden Literaturtage statt, häufig von Schriftstellern aus den neuen Ländern organisiert. Das ehemals Fremde muss auch das Gute sein, vielleicht ist es am Ende auch edel und schön, auf jeden Fall ist man en vogue damit, und das liebt man in Wiesbaden am allermeisten. Die Lilienflagge wird aufgezogen und die Kulturdezernentin bläst die Backen auf, um sie zum Flattern zu bringen.

Der Kaiser fühlt sich pudelwohl

1866 verleibten sich die Preußen Nassau ein, doch das Biebricher Schloss blieb Eigentum der herzoglichen Familie. Wiesbaden besaß inzwischen 70 000 Einwohner und 100 000 Kurgäste strömten jedes Jahr in die Stadt. Denen musste etwas geboten werden. Zwar existierte seit 1892 das Residenz-Theater, das sich ganz auf den Geschmack des breiten Publikums einstellte und Lustspiele, Operetten und Possen spielte, aber das reichte nicht aus. Der Kaiser höchstpersönlich machte einen Vorschlag: Ein neues Theater solle am Kurpark errichtet werden. Sofort ging es an die Ausführung, und schon 1894 stand das nagelneue »Hoftheater«. In Anwesenheit Wilhelms II. wurde es eingeweiht, und da die Gelegenheit so günstig war, enthüllte man gleich ein Denkmal für den ersten Wilhelm auf dem Warmen Damm. Der Regent aus Berlin war hocherfreut, eilte nach seiner Ankunft sofort zum Denkmal und musterte es mit Wohlgefallen, während Wiesbadens Bürger die besondere Gnade des Kaisers genossen. Aber auch Wilhelm der Zweite sparte nicht mit Komplimenten. Das Denkmal des

Altvorderen fand er sowieso »kolossal«, aber als er das neue Hoftheater an den Kolonnaden besichtigte, erklärte er: »So etwas haben wir in Berlin nicht.« Den Wiesbadenern schwellte daraufhin die Brust. Ja, sie waren konkurrenzfähig mit den Hauptstädten in nah und fern und vielleicht sogar ihnen überlegen. Und umgekehrt fühlte sich der Kaiser im Theater pudelwohl, denn seine Loge befand sich über dem Hohenzollernwappen. Die Sicht auf die Bühne ist von dort zwar mäßig, aber darauf kam es gar nicht an. Der Regent wollte nicht sehen, sondern gesehen werden. Und seine Loge eignete sich dafür grandios.

Auf jeden Fall schwebten die Wiesbadener in einem seligen Zustand, und kein Spott focht sie mehr an. Der loderte immer mal wieder auf, weil die giebelgeschmückte Front des Hoftheaters mit der pompösen Auffahrt wie ein Haupteingang aussah, doch tatsächlich musste und muss man das Theater durch einen Nebeneingang in den Kolonnaden dienstbotengleich betreten. Es wirkt so, als seien die Zuschauer eigentlich nur Staffage, und das ist nicht ganz verkehrt. Das Haus selbst ist die Inszenierung, und will man das Staatstheater in Wiesbaden

kennenlernen, so schaut man es sich am besten von außen an. Es ist wirklich vielseitig. Von jeder Ecke sieht es anders aus. Der Haupteingang: ein Monument des wilhelminischen Deutschland. Die Kolonnaden: ein Gruß an die ferne Antike. Der Künstlereingang: eine heftige Romanze mit einem Gewächshaus. So ist für fast jeden gesorgt und wem diese Ansichten nicht genügen, dem bleibt noch das Schiller-Denkmal an der Parkseite. Hier steht der Dichter weit über uns allen auf einem riesigen Sockel, sinnt in die Parkwelt und will offensichtlich gerade etwas Edles und Schönes über Wiesbaden notieren.

Mit dem Kaiser kamen auch die Maifestspiele in die Stadt. Opern vor allem wollte man hören. »Samson und Delila« war gefragt und »Herodes und Mariamne«. 1896 entfaltete sich »auf allerhöchsten Befehl« erstmals die ganze gesellschaftliche Pracht der Zeit in Wiesbaden. Theater wurde vor allem im Foyer gespielt – von denen, die dem Kaiser nah sein wollten. Die Damen in wallenden Kleidern, die Herren im Frack. Und Wilhelm II. ließ es sich nicht nehmen, Auftragsarbeiten zu vergeben: Zum Beispiel sollte die Geschichte der Hohenzollern dramatisiert werden. Heraus kamen Stücke, die

der kaiserliche Diplomat Eulenburg kurz und bündig als »Schmarren« bezeichnete, um im gleichen Atemzug seinen hohen Herrn zu rügen: »Warum gibt mein geliebter Kaiser nicht den Befehl, dass mein wundervolles Drama ›Der Seestern‹ endlich wieder auf den Spielplan gesetzt wird?« Kurz darauf wurde er erhört. Ach, wer einen Kaiser zum Freund hat, erlebt selten eine Enttäuschung.

Das Staatstheater als Repräsentationsnummer und gesellschaftlicher Mittelpunkt – Thomas Manns sympathischer Hochstapler Felix Krull wird nicht zufällig vom kaiserlichen Wiesbaden heftig angezogen. Hier fühlt er sich heimisch, hier lebt er auf, das Leben ein Schein, das Dasein Fassade – die Arbeit ist anderswo. Dem Künstler schlägt über diese Art Publikum das Herz nicht höher. »Lauter Papageien, man könnte an der Menschheit verzweifeln!« rief ein berühmter Sänger nach einer Aufführung aus. Doch um der Gerechtigkeit die Ehre zu geben: In den zwanziger Jahren des letzten Jahrhunderts galt Wiesbadens Theater als künstlerisch avantgardistisch. Otto Klemperer und Carl Schuricht dirigierten hier, Carl Hagemann inszenierte zeitgenössische Dramatiker. Künstle-

rische Schwergewichte also, die der Stadt hohes Ansehen verschafften. Nach dem Zweiten Weltkrieg war dann wieder alles vergessen, man kehrte zurück zur Fassadenkunst und die Felix Krulls fühlten sich bald wieder heimisch. Einige Wagemutige starteten deshalb 1980 die »Anderen Maifestspiele«, sie wollten ein Gegengewicht zur großbürgerlichen Kulturshow und konservativ-wilhelminischen Tradition schaffen. Damals in den achtziger Jahren kam auf der Wilhelmstraße ein als Wilhelm II. verkleideter Schauspieler in einer Kutsche vorgefahren. Kabarett lag in der Luft, Ironie, Satire und tiefere Bedeutung. Doch der als Kaiser maskierte Mime wurde von erbosten Wiesbadenern unverzüglich verjagt. Sogar seine Maske riss man ihm voller Zorn ab. Mit anderen Worten: Nähert man sich den Kurstädtern parodistisch und satirisch, ist das Scheitern ganz nah. Schon nach vier Jahren verschwanden die »Anderen Maifestspiele« wieder aus dem Stadtbild.

Doch halt! Es gibt in der Kurstadt eine untergründige Strömung fürs Kabarettistische, fürs Freche, fürs Scharfzüngige. Der Beweis dafür ist das ›thalhaus‹, ein Kleinkunst-Theater in einer Villa im Nerotal. Etwas abseits gelegen

und doch am rechten Ort. Hier kann man in den Genuss von Künstlern kommen, die entweder noch unentdeckt sind oder so brillant, dass sie das Fernsehen verschmähen. Sozusagen ein Minderheiten-Programm. Aber immerhin – in Wiesbaden kann man ihm frönen. Und das ist gar nicht laut genug zu rühmen.

Über das 1000-jährige Reich, das in zwölf Jahren Deutschland verwüstete, findet sich in den Geschichtsbüchern der Stadt nur wenig. Gewiss, Generaloberst Ludwig Beck, der 1944 als Widerstandskämpfer hingerichtet wurde, ging in Wiesbaden zur Schule, und Rechtsanwalt Hans Buttersack, der die Mitglieder der Bekennenden Kirche in Wiesbaden als Anwalt vertrat, verschwand im KZ Dachau und wurde noch im Februar 1945 von den Nazis umgebracht. Martin Niemöller kam erst nach dem Krieg in die Stadt und blieb bis zu seinem Lebensende. Doch schon am 8. März 1933, drei Tage nach der Reichstagswahl wurde am Wiesbadener Rathaus die Hakenkreuzfahne gehisst. Bei den kurz darauf erfolgten Kommunalwahlen erhielt die NSDAP 28 Mandate von insgesamt 54, und das neue Stadtparlament ernannte sofort in seiner ersten Sitzung Hitler zum

Ehrenbürger. Die 3600 jüdischen Bürger der Stadt mussten fortan zittern. Die Hälfte von ihnen konnte auswandern, die andere Hälfte ist in Theresienstadt ermordet worden.

Life-Style und andere Wiesbadiensien

Wer das Wiesbaden der Gegenwart zum ersten Mal erlebt, ist vom großbürgerlichen Ambiente der Stadt angetan, dem weitläufigen Kurpark, den wunderbaren Jugendstilhäusern und prunkvollen alten Villen. Daran delektiert sich der Genießer, und der architektonische Laie staunt. Mit diesen Schätzen wird sorgfältig umgegangen. Das ›Kurier-Haus‹ im Zentrum der Stadt, Sitz des Wiesbadener Kuriers, der großen Zeitung am Ort, ist ein Beispiel dafür. Nie käme man auf die Idee, das alte und prächtige ›Kurier-Haus‹ abzureißen und die Redaktion auf den grünen Rasen in einen Vorort zu verpflanzen. Eben das jedoch haben die Nachbarn in Mainz mit der dortigen Zeitung getan, deren Redaktion mittlerweile weitab vom Schuss in der Einöde des Lerchenbergs zurechtkommen muss. Intuitiv weiß man offenbar in Wiesbaden,

was geht und was nicht geht. Und dass der finanzielle Erlös für ein innerstädtisches Grundstück die Qualität einer Zeitung auf keinen Fall steigert.

Andererseits sind die Wiesbadener feiersüchtiger geworden, als wollten sie die Linksrheinischen auf diesem Feld einholen. Die Feste in der Stadt blähen sich in neuester Zeit von Jahr zu Jahr üppiger auf. Eines davon genießt überregionalen Ruf: das Theatrium. Seit 1978 findet es alljährlich auf der Wilhelmstraße bis hin zum Kochbrunnen statt. Ursprünglich wollte man bildenden Künstlern und Kunsthandwerkern eine Möglichkeit zur Ausstellung ihrer Werke geben, aber bald schon überwucherten die kulinarischen Paläste die Kunstbuden. Wer zum Theatrium kommt, sollte einen gut gefüllten Geldbeutel bei sich tragen. Denn im Gegensatz zu den Mainzer Festen, wo Weck, Worscht und Woi als Gipfel des Schlemmens gelten, stehen in der Kurstadt Champagner, Kaviar und Hummer im Mittelpunkt. Ein wenig teurer ist es halt, aber dafür sind wir ja auch in Wiesbaden. Den großen Hunger kann man auch stillen, in den Hotels rund ums Casino und vor allem in der »Ente vom Lehel«, einem Restaurant, nach

dem sich verblichene Könige und Kaiser die Finger geleckt hätten. Während der Määnzer bei ordentlichem Appetit eine Straußwirtschaft aufsucht, an einem langen Tisch mit anderen Platz nimmt und sein Herz bei Spundekäs oder einem Handkäs mit Musik höher schlägt, erwartet der Wiesbadener eine distinguierte Atmosphäre, einen einzelnen kleinen Tisch und eine verfeinerte Nouvelle cuisine. Essen kann man auch, gewiss, verboten ist es nicht, aber vor allem geht es ums Genießen, ums Gesehenwerden, und später kann Mann oder Frau davon erzählen, wie es zu einem anregenden Smalltalk mit Marietta Slomka oder Claus Kleber vom ›heute-journal‹ oder sogar einem Plausch mit Thomas Gottschalk gekommen sei. Auf der Toilette übrigens. Wem das gelingt, der hat's geschafft. Er steht zwar in einem Pissoir, aber gleichzeitig im gesellschaftlichen Zentrum der Republik.

Wer im »Schwarzen Bock« oder »Nassauer Hof« nicht auf seine Kosten gekommen ist, steigt in seinen geliehenen Ferrari und fährt sichtend die Taunusstraße auf und ab. Auch auf dieser Antiquitätenmeile kann man fündig werden was Promis angeht, außerdem gibt es

hier einige original Wiesbadener Kneipen für Singles und solche, die es wieder werden wollen. Wie zu Kaisers Zeiten wird da wie dort am liebsten eine Atmosphäre aus Genuss, Eleganz und großer Welt zelebriert. Heute heißt das Life-Style, und dieses Wort ist selbstverständlich in Wiesbaden erfunden worden. Es stammt gewissermaßen aus der innersten Herzkammer der Lilienstädter. Natürlich spielt man auch ein wenig Theater, tut gern, als durchschaue man den schönen Schein, aber mitmachen und Dabeisein möchte man auf jeden Fall. Denn in seinem wahren Wesen ist der Homo wiesbadiensis ein gläubiger Mensch. Jeden Morgen spricht er sein Glaubensbekenntnis. Nicht von ihm selbst stammt es, sondern von dem Schriftsteller Wilhelm Schmidtbonn, der in den Goldenen Zwanzigern des letzten Jahrhunderts

über die Stadt schrieb: »Wenn irgendein Punkt in der Welt bestimmt ist, die auseinander gefallenen Völker Europas neu zum noblen Verkehr zu vereinigen: dann diese paradiesische Stadt.« Und daran glauben die Wiesbadener unerschütterlich – das Noble ist schließlich ihr eigentliches Metier.

Der Illustrator

Andreas Schürmann ist Grenzgänger par excellence. 1962 in Wuppertal, einem aus zwei Städten durch ein schwebendes Verkehrsmittel zusammengefügten Kunstprodukt, als Einzelkind geboren, ist er mit einer italienischen Großfamilie verheiratet. Im Wiesbadener Westend wohnend, macht er täglich rübber über den Rio Grande in die Mainzer Oberstadt, wo er am Gutenberg-Gymnasium das Fach Bildende Kunst, aber auch Russisch unterrichtet. Eigentlich völlig unmusikalisch, illustriert er seit vielen Jahren Musikbücher im Mainzer Schott-Verlag.

A
A
A
I
I
I